배효철 시집

미소가
눈을 뜰 때

배효철 시집
미소가 눈을 뜰 때

초판 발행 2025년 6월 20일

지은이 배효철
펴낸이 임화자 · 김운기
펴낸곳 문학공동체샘물

등록일 2025년 2월 19일
등록번호 제2025-000030호
주소 16348 경기도 수원시 장안구 파장천로25번길 9
전화 031-269-9991 **팩스** 031-241-2321
전자우편 saemmul25@naver.com

값 13,000원
ISBN 979-11-992167-2-3 03810

2025년 예술창작지원금 수혜 대상

*이 책의 판권은 지은이와 문학공동체샘물에 있습니다.
 양측의 서면동의 없는 무단 전재 및 복제를 금합니다.

샘물시집시리즈 3

배효철 시집

미소가 눈을 뜰 때

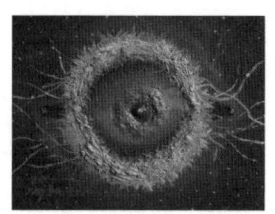

문학공동체샘물

시인의 말

을사(2025)년
봄을 넘겨야 하는 계절 6월에,
그동안 모아 둔 정성을 열어 보이게 되었다

50대 초에 "삶이 채색한 노트"로
처음 시집을 내어 놓고
스무 해 지내는 동안 온갖 삶 풀어내는
재주가 없는데도 예술의 굴래 바퀴를 돌리고 돌리며
그곳에 깊은 문학의 씨를 품게 되어
이십년 만에 "미소가 눈을 뜰 때"란
문패를 달고 문을 연다

나의 한 시대 동행인들에게
함께했던 정과 열은 어떤 울림이고
무슨 색으로 노래하고
어떤 빛깔로 눈짓 하였는지,
고백하는 마음으로
속옷 벗겨내 듯, 한 장씩 선보이려 한다

시인의 말

나의 가족들이여!
형제 친구들이여!
앞으로 동행할 벗들이여!
우리 서로 있는 그대로 살았고
서로 베풀며 한 세상 합창하지 않았나
간직한 우리의 것은 미소 한줌이면 충분하다

늘 사랑으로 노래하며
함께 춤 출수 있을 때 춤추며
즐거이 한 시대를 풍요하자.

여산 배호철

차례

5 ____ 시인의 말

13 ____ 행복
14 ____ 돌아갈 곳
16 ____ 마음 길
17 ____ 늘 벗
18 ____ 맘 가는 대로
19 ____ 갈잎
20 ____ 동행인
22 ____ 한 시절
23 ____ 달래기
24 ____ 온새미로
26 ____ 어울림
28 ____ 걷던 길
29 ____ 애태움
30 ____ 해 갈음
31 ____ 허우룩
32 ____ 햇볕 걸치고
34 ____ 진정
35 ____ 쌓은 정

차례

36 ____ 자욱길
37 ____ 시인의 길
38 ____ 숨은 곳에
39 ____ 정풀이
40 ____ 이 촌
42 ____ 미 소
43 ____ 함께 부르는 노래
44 ____ 무념
46 ____ 사랑쟁이
47 ____ 가슴속에 담긴 행복
48 ____ 봄꽃 경연
50 ____ 정풀이
52 ____ 아침 햇살
54 ____ 봄이 찾아준 노래
55 ____ 가꾸어 준
56 ____ 정 뜸
57 ____ 보름달
58 ____ 첫정

59 ____ 함박꽃
60 ____ 친구야! 너도 건강하지
62 ____ 자기 사랑 서로 사랑
63 ____ 날 밤
64 ____ 밀당 놀이
65 ____ 나눔
66 ____ 무조건의 사랑
68 ____ 재롱
69 ____ 아기 미소
70 ____ 친구
72 ____ 손주
74 ____ 밀어버린 시간
75 ____ 이웃사촌
76 ____ 벚꽃의 고향
79 ____ 뒷방
80 ____ 함께 한
81 ____ 진해 가던 날
82 ____ 늘솔길

차례

83 ____ 가족쟁이
84 ____ 겨울 내복
86 ____ 샐러리가 그은 선
87 ____ 풀꽃비명
88 ____ 인연 끈
90 ____ 잠시 머물었을 뿐
92 ____ 돌 봄
94 ____ 너그러움
96 ____ 모퉁이
97 ____ 회한
98 ____ 바람꽃
99 ____ 음 미
100 ____ 달인
102 ____ 폭포 연가
103 ____ 생 장
104 ____ 가을 잎 넋두리
105 ____ 미련 속에
106 ____ 에움길

108 ____ 타작꺼리
110 ____ 단풍 든 할배
112 ____ 사 념
113 ____ 가욋길
114 ____ 묻힌 시간
115 ____ 봄 예찬
117 ____ 세상에

시평 | 수원문인협회 회장 정명희

121 ____ 옛정 머금고
124 ____ 칠갑산에서 하는 칠갑을 보았다
128 ____ 손녀의 눈 선물
130 ____ 손녀
133 ____ 시인 배효철의
문학과 예술 세계를 더듬으며

139 ____ 배효철 시집, 「미소가 눈을 뜰 때」
출간에 부쳐_김운기

제5회

대한민국수채화공모대전
입상작(2013.12)

(사단법인 대한민국수채화 작가협회)

제목: 선착장, 수채화 30호, 배효철 첫 입상작.

행복

행복은 내가 찾아
얻는 것

늘 가까이에서
따뜻함 찾고

즐거움 나누고 펼쳐
기쁨 듬뿍
스스로 찾은 행복

가슴 열어
사랑 가득 담아 나누어 얻으리.

농축투데이, 24.4.10.

돌아갈 곳

상쾌한 아침 출근 길
사람들 속 비집고 들어 가
오늘 하루도 헛웃음 날리며 힘줄 때
돌아 올 내 집 있기 때문이라

붐비는 곳에 내 존재는 숨 쉬고
날쌘 나의 뒤태 어깨에 올리고
숙련된 처세 누군가 박수할 때
인정으로 얻어 돌아 올 성과로

한창 때 밟아 주었던 행적으로
그럴싸한 자리에 이름도 얻어
많은 동지들 곁 혜택 나누고
희끗한 머리로 품위 찾아

일구어 놓은 분신들
어엿한 사회 대열에 서게 되니
밟고 지났던 내 자리보다 더 나은 듯
이제 몫은 어느 정도 채웠구나 하면

돌아 갈 곳 내 집이 있었기에
늘 힘주고 배짱도 흔들어 보았을 것
언젠가 왔던 곳으로 갈 것이라
돌아 갈 곳 갈 때는 미련 없는 발걸음으로.

농축투데이/전자신문, 25.02.12.

마음 길

한 곳이 빈다

살만큼 살았다면 헤아림도 좋으련만
갈수록 빈약한 가슴으로 성정이 가슴치고
허전하게 하려 하네

조각난 길 이음새 찾아
가까운 곳 두고 먼 쪽은 왜 찾나
늘 안타까움이 빈번해 가니

한창때는 덤벙거려 놓치고
나잇살 안목이 있을 법도 한데
길 잇는 재목 못 찾아 먼 산만,

멍 때려 눈 크게 뜨니 이을 몫
더 깊은 곳에 자리하고
길 잇는 소리 살며시 들리어

너그러움 찾아 길 묻는 노신사
사랑으로 다시금 배워 얻어 보리라.

월간 순수문학 11호, 2024.10.18.

늘 벗

어울림이 층을 더할 때
따사로운 보탬은
한껏 정 풀이 색감 녹인다

결결이 던져주는 정겨움
언제나 변함없는 세월 보태어
두터워진 지갑 마냥 정 불린다

한창때나 노을 걸어둔 지금도
굳이 뒤돌아보지 않아도
함께 한 순간들 추억 물 되어

한결같이 손잡고 있는 서로는
한 세상의 벗으로
꼭 붙들어 놓지 않으리.

농축투데이/전자신문, 24.07.12.

맘 가는 대로

잠시 처한 환경
난처하다면 어찌하나
그냥 맘 가는 대로 해야지

나쁜 일도 한 순간
좋은 일도 한 순간
뜻대로 다 되는 일은 없어

내 맘 씀씀이 올바르면 되지
그 자리 맴 돌다 젖어 있으면
사리분별 더 어렵지 않나

가는 길 힘 하다만
털고 떠난 자리
가히 아쉬움 없으리.

2025. 봄, 시화전 용.

갈잎

한 시절
온갖 자태로
풍요한 녹선
만들어 뽐내고

열정의 뜨거움에
그늘 해 주며
할 도리 다한
단풍 맛 풍미하고

떠날 때
스스로 낙엽이 되어
엄마 치마폭처럼
감싸는 가을 멋쟁이

한 겨울
거름으로 대지 덮는 갈잎이어라.

농축투데이/전자신문, 24.09.11.

동행인

나는 시인이다
허나 훌륭한 시인은 아니다

시를 쓰는 이유가
나와 함께 한 시대를
같이 살아가는 사람들과
서로 소통하고 편한 대화 열기 위해
시로 나를 전한다

함께 살아간다는 것
나의 곁으로 얻은 나의 둥지
늘 같이 정 나누려하는 이웃
삶 터전 함께 이루었던 동지들
모두에게 나는 나를 나눈다

허나 살다보니 서로 덜 나누었던지
나의 부족함에 빚게 된 사연들
상처 되어 동행 거부할 때
가슴 아파함이 서운할까 봐
시로 나를 전한다

보이는 겉모습으로 사귀고
숨어 있는 모습 열어 사귐 전하여
서로 벗 되어 웃을 때
믿음으로 손잡아
한 시대 공유함이 아닌가

나는 시인이다
시로써 나를 전하고 보이며
함께 하는 삶에 사랑 전하며 누리려 한다.

한 시절

창 트인 토문재 앞길
붉으스름 빛 던지며
바다 살 넘어 숨는 황혼 손

그을린 낮달 한껏 춤추며
정신 줄 팔아먹던 염치없던 시절
늘 그대로 머물 줄 알았지

온새미로 곧게만 밟고 온 길
한창 멋 나게 엮어 헤매도
어찌하랴 석양 길을

붓 끝에 남은 먹물
삶을 다 표현하지 못하니
얼굴 붉혀질 수밖에.

24.8월호. 월간 순수문학.

달래기

어릴 적 누군가 관심 안 주면
괜시리 투덜거리며 삐진 표정으로
여기저기 건들다 기어코 울음보 만든다
그래도 아이의 토라짐은 귀여움 담겨,

시간에 흔적 따라 나아지는 듯해도
자신 존재가 누군가 늘 이해 해주기 전한다
어릴 때 응석이 잠자고 있었을 뿐
어떤 이들 알아주는 자신감이 자기를 지킨다

시대 아우르던 누군가도 모른 척 지나칠 때
묻혀있는 응석이 어깃장으로 속을 낸다
나를 품고 전하는 마음 인정 해주는 보상은
그때나 지금이나 변한 게 없어

엇나간 사연에 토라진 달래기
어디 아이만일까
엄마가 토닥여 주던 그때 그 시절처럼
삐친 어른도 엄마는 필요하다.

농축투데이, 24.9.

온새미로

이 사람아!
엄마 젖가슴 내쫓기던 날
제대로 쓴 맛 보았지
그 후론 단 맛 찾아 나서나
어디 그리하던가

두 발 일으켜 걸었을 때
박수도 받곤 했지
한걸음씩 뗄 때마다
시작은 펼쳐지고
온갖 맛 다 보았다 싶었는데

가온 길 싶지 않고
가윗길 걷기가 십상이라
간살 뿌리치고
온새미로 살고자 하였지
지난 것 허망하다하나
그 뿌리 어디 있으랴

진정 엉킨 것 풀고 나면
오롯이 내 것만 남지
허허 웃어 보이면 사랑이 알 품어.

중부일보/시의 향기, 24.09.06.

*가온 길-정직하고 바른길.
 가욋길- 필요 밖의 길.
 간살-아첨하는 태도.
 온새미로 -자연 그대로, 언제나 변함없이.

어울림

오래전에 일인 듯
잊혀가고 있다고 느꼈던
황혼의 가슴에도
따뜻한 어울림의 야릇한 정이
발을 내민다

한창때야 친구 좋아
시간의 흐름 헤쳐 가며
찾았던 날들의 어울림 정 풀이
무수한 정 냄새 풍기고 남기며
세월 묻혔던 시간들 아니겠나

아직도 많은 정속에서도
외로움의 쓸쓸함이 두려워
앞서가는 가슴 안타까워
손으로 인사 먼저 나누고
정길 찾아 서두른다

때가 때인지라 이제 그리 헐떡이며
정 나눔에 인심 다 쓰면 쓰겠나 싶어
홀로 앉아 먼 산도 바라보네
그래도 삶의 주머니가
정 바구니 비웠다고 눈길 흘리니

황혼 뜰 어울림
향긋한 정 내음 향 더하네.

농축투데이/전자신문, 25.02.24.

걷던 길

한 시대 황혼 걷는
한결같은 길 따라 묵묵히

누굴 만나던 정답게 나누고
정 붙일 만한 구석만 보여도
오지랖 넓게 먼저 손잡아
늘 환한 웃음에 미소 던지고
함께 길동무 하자고,

무엇이 더 많고 적음에 표하지 않고
거저 한세상 서로 열심히 살았지
좀 부족하면 어떠하나
만든 울타리 보기 좋고
이웃친구 서로 건강 챙겨주면 되지

시대의 작은 영웅
한 시대 나그네 되어 가던 길 또 걷는다.

농축투데이/전자신문, 24.12.14.

제8회

대한민국나라사랑미술대전
(1920.06)

- 세종시의회 의장상 수상 작

제목; 폭포연가. 유화 10호. 배효철 작

애태움

바라보는 마음
굳이 드러내 보일 수 없어
딴 짓으로 흐릴 수밖에

안타까움 고개 숙이고
그저 미소만 던진 채
하염없는 아쉬운 고개 질

숨겨 둔 사랑 전 하지 못 해
용기 없는 부싯돌 가슴만 치고
애태움 재 되어 바람 속으로.

농축투데이/전자신문, 24.08.16.

해 갈음

해가 바뀐다는 것
늘 뜨고 지는 해는 변함없는데
그저 인간들이 해와 달 기준삼아
저희들 잣대로 정해 놓고는
해 보고 빌고 달보고 애원해 가며
희로애락 다 감싸들고 있구나

해와 달이 그러하듯
우리도 그저 변함없이
서로 보듬어주고 함께 사랑 나눈다면
나이 먹는다고 억울할 거 없고
세월 간다고 서글퍼 질 이유가
어디 있겠는가

우리가 정한 한 해에
너무 기대어 욕심 부리지 말고
그냥 편하게 정주고 살아간다고
누가 뭐라 하겠는가!

농축투데이, 24.01.11.

허우룩

게으른 발자국
지우듯 걸으며
긴 한숨 놓고 있다

무언가 골똘함을
가슴 깊이 담으며
회상 깨우고

있는 듯 없는 듯
존재감 겨우 안고
마치 유령이 된

젊은 날 기상이
턱없이 선 넘고
오만하였으나

할배의 허우룩 함이
발자국 따라 묻혀가고
먼 길 미소 무쳐 지청구 버려준다.

수원문학, 2021.07. 57호.

*허우룩; 마음이 매우 서운하고 허전한 모양.
　지청구; 까닭 없이 남을 탓하고 원망하는 짓.

햇볕 걸치고

오랜만에 강렬히
내리쬐는 햇볕 참 좋다

우중충한 그늘과
을씨년스럽게 풍파 하던
궂은 날씨 아니었나

활짝 갠 하늘 아래
산책하는 발걸음
큰 나무 가지가지 위로
나를 걷어 올린 채
활짝 핀 햇볕으로
풍성하게 말린다

발걸음 한결 가볍다
축축해져 있던 몸뚱이
찬란한 빛이 주는 햇살로
가지마다 걸쳐 말려 둔
발걸음 지나며 어깨 걸친다

아직도 어둠 속 노래하며
깜깜한 공간 즐겨 노는 것들
검은 무리 파먹고 사는
세상엔 그것밖에 없는 줄 아는
어둠의 자식들

걷어 둔 햇볕 갖다 주고 싶다
빛으로 만든 영롱한 아름다움
던져 주고 싶다.

일간경기, 22.07.13.

진정

허전함이 나의 껍데기를 들추며
알 수 없는 웃음 던지고
깊은 곳 가슴 소용돌이까지
천천히 묻으려 차고 젖어온다

언제나 뛰게 하고
군중 속에 섞어두면서
즐거움의 색깔 물들어 있는 듯
바탕은 미소로 가득 채운 눈길로 덮고

쓸쓸함도 외로움도
나를 안지 못하게 조련해 두었었는데
이제 허무는 저절로 껍질 열고
가슴 풀어헤쳐 오니

아마도 이게
나의 진정한 영혼일 것을
황혼 깃든 외로움은
나의 덧없는 것들을 벗겨내는 것이라.

영농신문, 2018.08.27.
수원신문, 2018.08.20.

쌓은 정

살다 보면
가끔 삶 우울케 해도

가꾼 정
살포시 보듬어
쌓은 깊은 정으로

안고 등 두드려 주리라.

농축투데이, 24.03.11

자욱길

후밋길 저편
기다리는 안타까움
눈길 주지 않던 이
혼자 기다리네

행여나 하며
망설이다 던진 맘
보이는 거는
기다림 흔적 조각들

아쉬운 숨 헐떡이고
기대 흐름 풀어 망설임 건지고
가슴깊이 품었던 짠한 모습
아까운 영혼 찌들이는데

자욱길 더듬었던 가슴팍
편한 체념 한숨 드리우네.

한국공보뉴스, 23.01.25.

시인의 길

진정한 시인의 길
무엇인가

한 시대 꿈을 말 하나
살며 흐느끼는 아픔
노래하며 전하려 하나

기쁨과 사랑
글 물들여
행복 전하려 하는지도

올바른 삶 가치
일깨우고 함께 하는 이
정 깨우치게

시대를
같이 겪어내는 이들
사랑과 우정

곁에서 정답게 어우러지게
물들이는 요술반지 일거라!

포켓프레스/전자신문, 24.08.24.

숨은 곳에

살포시 밟으며 찾아 준 미소
반짝인 눈망울로 답하며
환한 영혼이 슬며시 안겨 물들게

어찌 사랑으로 날 찾아 주었는지
어쩌면 주어진 운명 속 빠뜨린 듯
다가와 앉은 입김에
숨 죽여 반기며 감싸 준다

순간 반짝한 영원은
깊은 곳으로 번져 내리어
가슴 안에 포근히 새겨두고
어깨하며 걸어 온
아직도 미련은,
숨은 나의 그 곳에 홀씨로 떠돌다.

농축투데이, 23.12.12.

정풀이

누가 더 세나
힘줄 세우며
팔 걷어붙이던,

도랑 건널 때
누가 더 멀리 뛰냐고
바지 흠뻑 젖었던,

딱지 구슬치기
숨바꼭질에
숙제 까먹고 혼나던,

친구야!
여즉 변함없이 함께해 준 날
내 안주머니 넣어둔
나머지 정
그마저 더 주고 싶구나.

한국영농신문, 2020.01.

이 촌

허리둘레 주름 잡으러
광교산 봉우리마다
점찍고 함께 타던
그대들

그때만도 산줄기
정풀이집 돌아가며
막걸리 숯불고기
한 점씩 나누니
그날의 건강 놀이 참 좋았네

언젠인가
봉우리는 먼발치 두고
산림욕장 호숫길
만석거만 두루 살피네

그러면 어떠냐
만보놀이 발 맞추며
나눔 한 정 줄기
강산을 바꾸지 않았나

백세인생 무언가
여즉 다 주지 못한
안주머니 흐뭇 정
더 주어도 주고픈
이웃사촌들이여!

| 한국영농신문, 20.10.15.

미 소

오늘 아침
나의 미소가 눈을 뜹니다

인사도 합니다
미소가 대화를 나누자 하네요

미소는 또 다른 미소를 찾아 나섭니다
나의 미소가 행복해합니다.

농축투데이, 2023.11.03

함께 부르는 노래

흘러가는 시간 속에
어렵사리 한 토막 내어
가슴에 담으며 조용히 나를 포갠다

허물 벗고 따뜻한 정 얘기하며
아픔이 무엇인지
무엇을 나눌 것인지

한참동안 그 허물 벗으며
시간에 묻혀버린 소중함 간직하고
내 어깨위로 앉혀본다

이제 아무것도 걸친 게 없는 가슴은
마냥 환한 맘으로 함께 나눈다
곡의 조화가 어울리던 그러하지 못하던

부르는 목청은 한껏 기분 넣어
어떤 리듬이라도 함께 하며
나를 보듬고 토닥이며 힘차게 불러본다.

고도원의 아침편지, 2003.05.

무념

한낮의 걸음
게으르듯 느린 행보로
자국 풀고
허탈해진 가슴으로
길 찾는다

빛 세계 몸 맡기고
후줄근한 땀방울
등골 위 걷는다
잠시 쉴 자리 얻어
몸 앉힌 긴 호흡
편안한 하품 풀어 준다

두 눈 살포시 접으며
무념 속 파묻히니
동공 속 형상
나를 찾아 빛 밝혀 접하니
한가로워 한 것들로
부끄럽기도 하다

형상의 춤추는 자아들은
바삐 하는 자신들
즐겨 보이며 일깨우니
자리 차고 길 재촉하며
늘 곁과 속에서 함께해 준
이들에게 경의를 던진다.

한국영농신문, 20.10.15.

사랑쟁이

늘 사랑 찾아
헤매는 사랑쟁이
젊은 날 숨겨둔 사랑 씨
아직 가슴에 남아
분홍빛 사랑 담근다.

A lovesick man

Looking for the love all the time
I'm a wandering lovesick
love seed hidden in my youth
still remained in my heart
Being soaked in pink love.

영어번역_윤형돈 시인

가슴속에 담긴 행복

따뜻한 미소가 담겨 있다면
내게 전해주십시오

맘이 아프게 자리하고 있다면
그것 또한 내게 전해주십시오

슬픈 얼굴이던
웃는 얼굴이던

그 얼굴에 한 조각의
진정한 미소가 담겨 있다면
그건 곧 행복을 전하는 전령이 될 것입니다

가슴이 저리어 오더라도 뒤돌아보지 말고
맑은 시냇물이 있는 곳에서
흘러내린 흥건한 땀줄기 씻어주십시오

저는 늘 함께 할 것입니다.

농축투데이/전자신문, 24.11.13.

봄꽃 경연

만물 일으키며
겨울과 밀당 하던 봄 전령
기어코 조금씩 밀어붙여 그를 깨운다
얼었던 대지 서서히 숨 쉬고
남쪽나라 빨간 장미 어미 같은 동백꽃 신호

노란 좁쌀 피운 산수유
산은 들꽃들 응원준비
진달래 철쭉 손질할 때
동네 어귀 하얀 입술 커다란 목련꽃 장식
벚꽃 향연 알리며 미리보기 해주는 매화꽃
길가 병아리 줄 세운 듯,
노란 개나리꽃 사열 준비되면,
온 누리 꽃길 이어달리기 경연
단 한번 숨쉬기 없이 달려오는 남쪽 꽃소식

2019.07.
현대여성(조형)미술대전

– 특별상 수상 작

제목; 노을 등대. 유화 10호 배효철 작

내 고향 진해 소식 전해주려
꽃망울 종 울리니
드디어 함박웃음 피어지는 벚꽃
그 잎들 사이사이 수많은 별 담아 뽐낸다
온종일 피어 낸 하얀 털
솜방망이 별꽃 속
은하수 다리 여기저기 엮어 이어지고,
하얀 솜털 주는 화려한 미소
나는 바로 어린아이 된다

봄 유희 벚꽃의 경연,
나는 언제나 이때 쯤 내 고향을 만난다.

한국연농신문, 2019.03.18.

정풀이

가까이 있으나 멀리 있는 것 같고
멀리 있는 것 같았다가도
숨소리 가까이에서 따스한 느낌 오네

느낌이 준 곳으로 고개 돌리면
저만큼 사리지곤 하는 너를
나는 그냥 물끄러미 쳐다 볼 뿐
무어라 말하기조차 그냥 그대로다

마음 흔들리는 게 아니면
괜한 투정 양다리 흔들어대는
애기 울음인가

쓸데 없는 괜한 소리에 역정 내며
고래소리 지르는 열 풀이인가
한풀 지나가면 없어지곤 하는
그런 쓰림 일지라

다소곳 옆에 하고픈 정 풀이 쌓여
그리던 붓 마구 흔들어 화폭 혼 클러 놓은 듯
정 속 깊이 묻혀 소리 쳐 울음 내지 못하고

그냥 그쳐버린 한줄기 한숨 일지라.

한국영농신문, 2000.01.

아침 햇살

이른 아침 햇살
따스하게 마중하며
바깥 창가 걸터앉아
인사 여쭈어

이불속 잠든 아가 입가로
영롱 빛 던지며
빼꼼이 창 너머 안쪽 살피네
빛 손 시린 듯 마구 부비여

잠 깰까 살며시
창 열어주니
추운 듯 얼른 빛살 타고 들어와
살포시 옆자리 하네

맑은 공기 얻어 타고 온
어린 아침 햇살
아가 옆에 함께 누워
방긋이 미소 덮어주며

싱그런 영롱 빛 아침햇살
맑은 미소 인사하고
살포시 포옹하네

새 아침 빛으로 천사 보내주신
거룩한 사랑
영원히 기뻐하며 함께 찬송하리.

농축투데이 ― 시, 아침햇살.
https://bhc5005.tistory.com/m/1242

봄이 찾아준 노래

황량했던 동토의 끝자락 헤치고
새싹들 무도장 터 날개 펴고
정겨운 봄날로 찾아 와, 곁으로 고개짓 주네

지난 가을날 즐기며 어울려 노래하고
정열의 갈잎과 새들의 못다 한 얘기들
그 잎사귀 사이사이 고이 묻어

진정 못다한 속삭임 숨겨 두었다
봄 찾아 그렇게 잊지 않고
화사함 안은 채, 조용히 열며 찾아주었네

긴 겨울날 닫혀진 그 맘도
이젠 지나간 옛 얘기로 남기고
그들의 천사들과 함께 풀어 헤치도다

정녕 잊지 못하는 많은 것들이 자리했다면
오늘 이 맑은 꽃동산 정령들이 건넨 아름다움
나와 너의 혼담아 한껏 가슴 풀어 헤치고

힘겹게 찾아준 우리의 봄을 실컷 함께 노래해 보자.

전자신문/농축투데이, 25.03.18.

가꾸어 준

늘
한자리 뒤에 선다
옆에 있어도 낮은 곳으로
눈동자의 초롱은
맑고 고왔다

언제나
숨소리는 조용히 곱다
얘기 좋아하는 사람들에
미소 얹어 귀 열어 둔다

젊은 날
얌전히 곁을 다 해준
많고 많은 사랑의 멜로디
어찌 다 하리요마는

이제 그 따스함에 입 맞추고
백년해로 고스란히 갚아가며 보답하리오.

농축투데이, 24.06.21.

정 뜸

마냥
기다리지 못 해
아쉬움 남을까
먼저 전해

만났던 정 풀이
마저
헤쳐 풀지 못하여
그리움 만지작

망설임 고개 저으니
달랠 길 접어
묻지 않아도 될 인사
뜸 들이는 가슴 애달프다 하네.

국민매일경제신문, 23.06.14.
https://bhc5005.tistory.com/m/1160

보름달

던져준 달 심,

가슴에 내려앉고
떨리는 손
마주하며 미소 다듬어

어찌할지 저려 하며
보름달 깊숙이
불꽃으로 묻어 숨긴 채,

져버린 시간 들
아쉬움 노래하고
고운 눈빛 전하네.

한국영농신문, 21.03.21.

첫정

고요와 적막이 감싼 안개 길
고독함에 젖은 노신사 모습으로
스스로 찾은 아득한 굴 속에
한껏 취한 감성의 줄기 탄다

즐겨 찾는 길이 아닌데도
오늘은 혼잣말도 없이
그냥 묵묵히 걷고 있다
누군가 자신을 불러 줄 것 같은 마음에

까마득한 가슴속 깊은 수렁은
오늘의 얘기만은 아닌데도
낭길 끼고 또 걷는다
할 말은 많으나 가슴깊이 묻어두고

한 순간도 잊은 적도 버린 적 없는
오래전에 얘기를 잊은 척 지난 일들
힌 여울에 담가 둔 속에는 아직도
혼자만의 따뜻한 사랑이 숨겨져 있었구나.

 ## 함박꽃

눈빛 품어
수놓은
달보드레한 향기

마음껏 전하는 눈빛
헤엄치며 건져낸 미소는
그윽한 보따리 풀고

떨리는 가슴
따스한 손길 기대어
함박꽃 피어 그려 얹고

건네준 할배의 따스한 입김
한줄기 꽃가람 되어
아이 영혼 속 춤추어 주네.

한국영농신문, 21.04.22

*달보드레; 연하고 달콤하다.

친구야! 너도 건강하지

친구야! 우리 서로 마주 볼 때면
아직도 그때 그대로인데
희끗희끗하게 채색된 머리카락이
지난 세월이 있었음을 얘기 하는구나

그리 오랜 세월 흐른 것 같지 않은데
일구어낸 자식 농사가 잘돼서 그런지 저런지
다들 짝지어 출가해 보내고,
요즘 급작 손주이름 부를 때 올 애들 부르기도 하네

우린 참으로 잘들 지내 오지 않았나?
그런대로 건강하게, 그런대로 착실하게,
또 가정 잘 지켜나가면서
나름대로 사회생활 열심히 하면서 말이다

친구야!
이제 다들 할배 소리 정 부친지도 한참 됐구나
건강해야지, 건강을 챙겨야 하지 않겠나?
이미 가질 만큼 가졌는데 무슨 욕심 부리겠나?

돈이 필요한 넘은 돈을,
사랑이 필요한 넘은 사랑을
명예가 필요한 넘은 명예를,
다들 필요한 만큼 조금이던 많던,

친구야! 이제 서로 건강 챙겨 보살피자
옛날처럼 팔씨름도 해보고, 빨리 걷기도 하면서
힘 자랑 할 그때 생각하며
서로 이기겠다고 핏대 세우던 그때 회상하며

누군가 농하는 얘기가 젊은 날 애먹였던 신랑은
이사 갈 때 몰래 놓고 간다고 하더라
그럴 리야 있겠냐만, 누가 아나? 지금이라도 잘해라!
이사 갈 때는 미리 운전석 옆에 앉아 있어라.

자기 사랑 서로 사랑

자신을 사랑한다는 것
진실로 다른 이를
사랑할 줄 아는 사람입니다

서로 아끼고 서로 사랑한다면
자신의 가슴속에는
아름다움이 남겨집니다

서로 아픔을 나눔 한다면
자신의 마음 속에는
향긋한 향기가 자리 할 것입니다

자신을 사랑한다는 것은
자기를 낳아준 부모님께 진실로
기쁨 드리는 일입니다

자기를 사랑하듯, 서로를 사랑합시다.

수원문학 70호, 2024.10.

날 밤

뜬 눈 새김
잿빛 시간으로 묻고
흐르는 먼 울림
번지듯 찾아와 앉으니

비우지 못한 근심
수십 갈래 탓하며
괜스레 회한의 껍질
혀끝만 차게 하네.

밀당 놀이

먼 길 바람처럼 달려온 날들
마음속에 파묻힌 엄마와의 밀당 놀이
오늘 살며시 찾아 들었네

부엌일 하던 엄마 행주치마
몰래 풀어 당기고 줄달음치면
야, 언제 철들래

나 벌써 철들었어,
이름에 철자가 들어 있잖아
마당 돌며 행주치마 저만큼 던지며
메롱 한다

잡혀주면 사탕 주겠노라
손 내밀던 엄마
오늘 먼 길 아들 찾아 온

엄마가 쥐어준 행복에
환한 어린아이가 된다

수원문학, 2017. 겨울호.

*밀당놀이 = 연애할 때, 서로 마음을 밀고 당기는 사랑 놀음의 말.
 (밀고 + 당기다 + 놀이)

나눔

한적한 공간을 채 웁니다
어울리는 모습들이 한곳에 모이면
따뜻함이 살아납니다

미소가 노래합니다
허전했던 어제와는 달리
가슴 한편으로 가득함이 담겨옵니다

나의 가득한 마음은
또 다른 이를 감동케 합니다
나눔은 그렇게 공간속에 함께 자리합니다.

한국영농신문, 18.01.22.
전자신문/농축투데이, 24.05.14.

무조건의 사랑

참사랑의 묘미는 이채롭기도 하다
젊은 날의 뜨거운 사랑도,
내 손길로 일구진 아이들과 끈끈한 사랑도,
서로 나눔하며 가꾸어지는 이웃과의 사랑도,

오늘의 사랑만큼이야 어찌하랴
애틋함이 오죽하면 내 기다림 민망하다
한순간 놓을까 눈가림할 수 없네
입술로 풀칠하기 안타까워 멀리도 한다

몸짓마다 줄줄이 애탄 눈물 흐르고
환한 눈짓에는 오금이 저리어 온다
천사의 입김에 파묻힌 옹알이 놓칠까
바보 같은 입질로 영구도 해 보네

여기저기 박아 넣은 작품 소개 꺼내면
돈 내놓고 하라니 이 우매한 사람들아
멋모르는 심사들의 질투가 밉지도 않네
세월이 주는 기쁨에 이만한 게 또 있겠나

아직도 다 퍼주지 못한 사랑 남아 있다면
오늘이 준 무조건적 사랑으로 태워 없애리라
다 배우고 얻지 못한 사랑을 일깨운 나의 손녀
넌 진정 주님의 축복으로 얻은 진정한 나의 천사일지라.

수원문학 68호, 2024.

재롱

어린아이 입가에 눈물방울 대롱 달고
금방이라도 터질 듯 울음보 설레네
어릿광대 흉내 보이는 껄껄한 할배

함박꽃 피우려나
삐죽꽃 열리려나

아이울음 달래는 기이한 몸짓에
일촉즉발 터질 뻔한 분홍 빛깔 주머니

함박꽃을 피웠네.

| 버스정류장인문학글판 창작시, 2017.11.23.

아기 미소

나의 영혼은
아이와 숨바꼭질하는 미소 쫓고
흐르는 입가의 주름 잡으려
숨죽이고 더듬는 환희는
신호가 되어

녹여지는 찬란한 기쁨에
입맞춤 어지럽히며
아이의 입가에 숨어있는 천사가
넌지시 입질하니
나는 달보드레하여 당실거린다

갓 백일 지난
손녀 눈웃음에
할배는 정신줄 풀어놓고
떨리는 입가 꽃가람 훔치며
한바탕 미소 술래잡기 여념이 없네.

중부일보, 18.07.19.

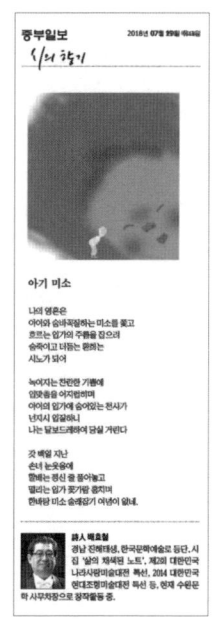

*달보드레하다; 연하고 달콤하다
 꽃가람 :꽃이 있는 강.

친구

절친 찾아 나서는 길에
곡차 한 잔 나눌 요량으로
버스에 가벼이 올라
모처럼 길가 구경
세상사 맛 좋아
흐르는 가로수
옛 정겨움 묻어나

어릴 적 흠 없이
즐겨 노니던 옛 친구
지금 내 모습 잠시 두고
그 시절 되 새겨
지금 살펴보니
지난 흔적 흐름에
안타까움 더 하구나

오랜 정 간직하며
술잔 기울려 정 풀이 하니
어제도 좋았고
오늘 또한 변함없다
함께한 세월 그지없어
내 안주머니에 넣어둔 나머지 정
그 마저 더 주고 싶구나.

수원문학, 2018. 여름호.

손주

나의 분신들이 하나둘 짝지어
곁을 떠나게 되면서
한시름을 놓아 스스로 허전함을
느끼고 있을 그럴 무렵

지나간 날들에는 미처 깨우치지도
느낄 사이도 없었던 많은 것들이
이젠 한없이 정겨운 미소를 파묻은 흐뭇함으로
나를 찾아 주었네

작은 손가락과 입가에는 은하수의
물결처럼 예쁜 사랑이 담기고
그의 영롱한 눈빛에는
주님의 따뜻한 숨결이 묻혀있구나

누군가 세월 속에 늙음이 조용한
서러움으로 찾는다고 노래하던데
어찌 느끼고 억울할 사이도 없이
그들은 그렇게 반겨 찾아 주는구나

젊은 시절, 잘 키워야 한다는 의무적 사랑으로는
도저히 눈을 뜰 수 없었던 것들이
세월의 흐름으로 얻을 수 있는
무조건적 사랑

이러한 한없는 즐거움의 기쁜 사랑을
발견할 수 있도록 한 행복은
오직 주님이 마디마디 세월 속에 숨겨둔
사랑의 특별 보너스일거다

나는 이제 주님께서 숨겨둔 세월속의
선물들을 보물찾기 하면서 하나씩 찾아 고이고이
가슴에 담고 담으며 그렇게 느끼고
행복해 하며 함께 살리라.

수원문학, 20.07. 가을호.

밀어버린 시간

언제나 그 자리에 서서
무심한 마음의 실망한 표정
저곳 내려다 보며 혹여나 하고
그대로 선 채 그를

지나간 날들 되새기며
눈 감으면 금방이라도
모퉁이 돌아서 찾아 줄 것만 같은
아직도 그 모습 여기에 있다

눈가 주름 잡히면서
고개 돌려 하늘 높은 곳 바라보고는
한없는 안타까움 시간 밀어버리고
먼 파도 가슴 헤쳐 일으켜본다

나는 오늘 그 자리에 서서
잊혀 지고 지쳐버린 표정으로
아픔 불러보고 있다
언제인 줄도 모르고 가슴 깊이 안으면서.

문학과 비평, 2021.06.04.

이웃사촌

환한 웃음 담장 넘어
어제 준 정 보태 주네
벽돌 깨고 주고받아
고향뿌리 못지않다
내 벽 헐고 청한 악수
옆집 대문 열고 반겨준다

올 농사 마당 깔고
잘 말려 한 자루 건네 보니
저녁상 올려 한자리 떼어주네
내 집 사랑
뭘 두었는지 잊어도
그 댁 수저 몇인지 알지

내 이웃 친구하고,
그 친구 이웃하니
족보타령 소용 있나
갖다 붙인 이름 정 타고 논다.

한국영농신문, 2018.01.08.

벚꽃의 고향

벚꽃들의 향연이 펼쳐지는 곳
내 고향 진해가 그립다

내가 어릴 적에 마냥 뛰놀며
꿈을 키웠던 내 고향에는
지금 벚꽃망울이 망울망울 맺혀
그 아름다움을 펼치려
단단하게 준비하고 봄 손님 맞을 채비로
다들 설레고 있겠다

꽃망울이 터질 때면
하얀 털 솜뭉치가 나무 가지에 주렁주렁
매달리어 흔들어 춤추어지고 그 사이로
우리는 하늘을 쳐다보고
마구 뛰어 다닌다
크게 소리치며 폴짝폴짝 뛰면서

자신을 맘껏 뽐내고 씨앗을 퍼뜨리듯
꽃들의 조각들이 나부낄 때면
그 장관은 내 눈을 멀게 할 정도이다

아름다움이라 표현키도 어려운 꽃
눈꽃들이다

하얗게 뿌려지는 꽃 날개들 속으로
헤집고 다니면서 나는 뛰고 또 뛰었다
벚꽃이 놀라 더 많이 떨어뜨려 주기라도
애원 하듯이 소리치며 벚꽃들을 불러댔다
그 자리를 밟고 지나는 기분이야
연인들이 잘 알 테지만
나는 어릴 적부터 그 기분을 갖고 느끼며
흥분을 감추지 못했다
하얀 융단 위로 마구 뛰며
꽃길 줄기를 갈라놓고는 했다

꽃잎이 바람에 뒹굴고 다닐 때쯤이면
나뭇가지에는 빨간 버찌가 매달리고
그걸 따 먹겠다고 온갖 몸부림치며
나무 가지 사이를 원숭이 재롱부리듯
우리는 그곳을 헤집고 다녔다
입 주위는 엉터리처럼 빨간 물 묻히고
온통 입가는 엉망이 된다

그 빨간 버찌가 있는 그곳이
내 고향 진해이다
나는 그곳에서
사랑을 배우고 진실을 얻었으며
행복의 씨앗을 얻었도다

봄이 반한 그 곳,
나는 지금도 그곳에 있다.

뒷방

눈곱 뗄 시간 없이 다람쥐 되어
꿈 불사르려 혁혁이었다
사랑과 분신들 위해,

자신의 몫을 그들만의 꿈으로
조화롭게 이뤄내니 함께 다듬은 행복은
생을 수놓아 주었다

일생 보이지 않게 흘린 눈물도
내게 찾아준 희열의 보따리
헛되지 않은 기쁨 자리

이제 스스로 정한 역사
뒷방으로 자리 옮기며
나름 꾸미기 게을리 안 한다

삶이다
나의 분신과 이웃들께
뒷방의 거룩함도 전해 보일 것이라.

수원문학, 2019.01.06.

함께 한

주고받은 마음
다 표현치 못했어도

무엇 말하고 주고자 하였는지
서로 믿고 의지하는 눈빛
작은 기쁨 나누었으니

못다 한 말 미소 섞어
환한 표정으로 답해 준다면
그 무엇 아쉬움 남을 까

서로 더불어 보듬으며
함께 하였기에
진실의 향기는 깊은 곳에 피어.

중부일보, 24.08.01. 시의 향기 등재.

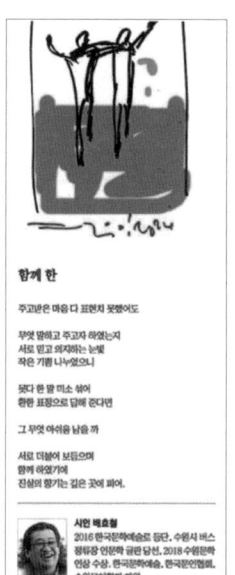

2 014.10.

현대조형미술공모대전

- 특선 작

제목; 늘솔길. 유화 20호. 배효철 작

진해 가던 날

생의 영상 묻혀있는 보금자리
돋은 별 맞으며 가던 날
흐른 시간 멈추고 가슴 튼다

아이는 앞서는 아버지 따라
엄마 손 동여매고
흰 꽃 너불거리는 벚꽃장 길

봄의 문 여는 진해
아버지 으름장으로 한달음에
탑산 올라 친구야 외친다

충무공 정신으로
후예가 되어 바다 섬기고
해안을 안은 진해루 오른다

시인이 되어 시인을 찾던 날
교가 부르게 해준 월하 김달진 선생
고향에 우뚝 서 있는 어른을 만난다.

김달진 문학관을 찾으며.
수원문학, 2018. 겨울호.

늘솔길

건들바람 타고 넘는 고개
힘차듯 황소 숨 몰고
늘솔길 걸으며 입가 주름 세운다

은근히 실눈 걸고
홀로 가을잡이 걸으니
깊은 속 애교 주고

허전함이
자리 깔고 앉으니
도란거리며 시상 깨우네

가을 귀 얻은 것
가슴 채우고 길 떠날 때
갈바람 살랑인다

파고드는 곁눈 비껴내
이 가을 넘기며 덧 샘 오르고
비움 입혀 참 멋 가르쳐.

수원문학, 2021.07. 57호.

가족쟁이

품으로 온기 전하며
긴 여정 눈길 옮긴 적 없이
안녕 기도하며 가족 쉼터 일구고

온새미로 기원 담아
함께 심어 가꾼 사랑의 텃밭
줄기 따라 이어진 미소 천사들

던져준 삶 자락
옹골차진 못해도
훌륭히 엮어 꽃가람 흐르게

전하는 아비 가슴
무지개 수놓고 너희 앉히며
도란도란하련다.

한국영농신문, 2019.07.29.

*온새미로; 언제나 변함없이.
 꽃가람; 꽃이 있는 강.

겨울 내복

한번 차려 입었다 하면,
가는 세월에도 멋모르고
내려놓을 줄 모르는 게 겨울 내복이다

춘삼월이다
이때가 되면 헤어짐이 당연한데
시기를 택함에 혼동이 오고
이제나 저제나 하며
무슨 큰일 앞두고 골몰하는 것처럼…

지난 주말쯤에 온전히 봄님께서 찾아 주신 것 같아,
한철 동고동락했던 이를 벗어 던졌더니,
겨울은 새론 님 맞이하였는지,
떠나는 님 싫어서인지,
보채는 님 아쉬워서인지,
하루 사이에 멀쩡한 사람 난감하게 하네

벗어던진 다음 날
바로 고뿔 기운이 있어
집사람에게 전하니 괜한 퉁만 돌아왔네
도로 던져놓은 겨울을 찾을 수밖에
대체 계절 줄타기하는 이는
무슨 심사가 꼬여서인지,
사람을 낭패스럽게 하는가

도로 찾은 이에게 미안하기도 하고
찾아주신 듯한,
봄님에게도 송구스럽기도 하다
참으로 겨울 내복의 뚝심은 변함이 없는데
계절타기의 변덕은 삐진 여자아이처럼
종잡을 수가 없구나!

문학과 비평, 2023. 겨울호.

샐러리가 그은 선

작달막하게
그어진 그 선 위에
촘촘히 밟아 포개 보면,
내일에 믿는 지혜가
안쓰러 뵈지만,

하나와 한마음이
치닫는 그윽함은
부풀어 입혀 놓은 내일과 같이
줄지어 갖겠노라
큰소리친 어저께에도

그 그저께 그어 놓은 선 보다는
오늘보다 내일이…
또 그려보리라.

㈜ 태광산업 사보, 1976.

풀꽃비명

풀꽃 비명
앞지른 듯 달리는 서릿발
찬찬히 앉으며
제 자리인 양 뿌리 덮는다

홀로 발길 옮기는 것도 아닌
무리에 쌓여 있어도
어둠 색깔 짓 누이고
혼자 떨기 몸서리친

한창때 눈치 못 넘겼던 뜀박질
돌아본 날 새벽이슬
찬바람 깨워 눈 비비고

세상사 살아봐야 알 것 안다는
차마 말 던지고 묻혀있기 싫어
눈물 얹어두고 고개 떤다

소설 찬바람 대설에 어찌 넘기려나.

문학과 비평, 24.01.31.

인연 끈

수많은 사람들이 만나고 헤어질 때
자신만이 간직 할 수 있는 끈이 있다

과거로부터 연결 되어있는 끈,
보이지도 잡을 수도 없는 끈,
끊을래야 끊을 수 없는 끈이
서로 얽혀있다

살아가면서
무엇을 버리고 취할 것인가
생각해 본다
기억 남기고 싶은 사람도
지워버리고 싶은 사람도
모두 한 때 연 맺고
살았던 사람들이 아닌 가

이제 와서 생각해 보니
모두 당근이 되어 주었고
보약이 되었던 사람들 아닌가
가슴속 추억 한 장 꺼내
한 폭 수묵화 그린다

해묵고 구부러진 나무 그려 넣고
끊어질 듯 이어지는 가지에
꽃 피우고 향기 뿌려
우리 사이 연을 완성 시킨다

내 곁 떠나게 된 사람들
늘 한결같이 끈 잡고 미소하며
진정한 사랑과 우정 나누는 사람들
모두가 이 시대가 준 행운 끈으로

영원함조차 함께 나누고 싶다.

문학예술, 2018. 가을호.

잠시 머물었을 뿐

흘러버린 삶 속 지나친 영혼은
기억해 얻어 내지 못한 껍질
늘 가슴 치닫는 욕구가
사랑을 입히는 것이라 꿈꾸었다

얻었다고 생각하는 것이
내 것이 아닌 곁에 잠시 머문,
그런 깨우침이 주는 사랑은
막 자리에 털고 일어서는 순간이다

나의 감당이 담장을 넘지 않게
줄 긋고 살았는데
비로소 자아가 껍질 벗겨내니
그곳에 내 삶이 앉아있더라

애초 내 것이란 없었다
언제나 가리키는 곳에서 얻지 못하였고
그냥 그어진 선상에 노를 저었을 거란
생각도 이제 떠나보낸다

나름 잘 그려 놓은 그림 한 폭이
곱게 입혀 다듬어준 엄마의 손길
나는 따뜻한 가락의 줄로 세월을 세우고
줄곧 삶을 노래하고 있다.

문학예술, 2019.01.06.

화홍문, 유화 12호.

돌봄

불현듯 찾아온
막내 손녀 돌봄 날
한 주간 이겨내며
미처 얻어 보지 못한
여태껏 사랑 숨 줄이고

수 해째 안식한 느낌
앞가슴 파고 풀어준 눈망울
할배 놀아주기 눈높이
조련된 재주라
겨우 잠재워 안은 전율이
손틀에 코 접은 귀염
저린 끝들 나무라며
함께 꾸벅이는
너와 나 속삭임

어떤 사랑이
이보다 더 하나
숨결에 절인 영혼
혈맥의 뜨거움은
녹아 흐르는 영육이라.

문학예술, 2019.07.11.

너그러움

비록 마땅치 못하나
이해하고 너그럽게 흰 마음 열어 둔다면
지나쳐 버렸던 작은 헤아림이
다시금 새 모습으로 환하게 웃지 않겠나

관후함이 부족하여
인색하지 않던 정마저 감춰버리고
토라진 아이처럼 뒤돌아 가슴 조아리게 한다면
아파할 뉘우침마저 미워 버리지

나의 허우룩한 마음 풀리는 진정한 솥에 담가
푹 삶은 나눔의 보따리 일진데
못내 내 뜻 속으로만 무자백질 하며 이겨내지 못하니
김 모락모락 나는 안타까운 정 놓칠까 조바심 오네

어제도 오늘도 베풀어진 정들은
그리 쉽사리 도망치지 못하니
괜한 내일의 만나보지 못한 정까지 걱정하여
미운털만 고르며 애오라지 내 가슴 쪼갤 일만 생각하나

괜스레 툴툴한 음성에 새벽닭만 울리지 말고
훤한 눈동자 밝히며 가슴 죄며 탓하지 말고
비록 마땅치 못하나 너그러움 정들게 하여

흰여울 내일 향해 가슴 풀어봄이 어떠한가.

수원문학, 2018. 여름호.

모퉁이

돌담길 모퉁이 뒤로 숨어진 것
나는 알았네
떠나려 하는 마음이야 오죽이냐만,
보내지 못하는 그윽함 또 어찌 하겠나
그 모퉁이 참으로 애달프고 미워지네

붙들어보려 매달려 잡아 보겠으나
보이는 저만치 발 묶어둔 채,
숨어있는 모습 담아 두려
더 찾지 않고 멀거니 바라보며
세월 묻어 둔 아쉬움만 태우고 있다

미련 남겨둔 모퉁이 오늘도 그대로인데
잊혀져가는 바람소리 적시며
허전한 발길 채우고 있는구나.

| 수원문학,2017. 겨울호

2018
현대조형미술대전
– 장려상 수상작

제목; 늘솔길. 유화 20호. 배효철 작

회한

그리움이 아직도
그곳에 있다

흐른 세월을 뒤에 두고
보낸 아쉬움에 기대고 서서
미련 밖으로 가슴 던지며
눈시울 시퍼렇게 멍 풀고
애태움만 접어두고 있다

좀 더 헤아려 두었으면 하는
나의 작은 마음이
아직도 가슴 조아리며
문뜩 떠올리는 그날에 나를
한 숨으로 답하며 접어본다

그리움은 아직도
그곳에 있다.

| 수원문학, 2018 봄호

바람꽃

꽃가람 흰 여울
버들치 쉬리 가재들
노닐어 좋았어라

흙이랑 늘려
여럿 어울리게
터 가꾸려니 물이 흐리네

가림새 좋아
숨바꼭질 바람꽃 되고
등진가재 자리 잡고

미꾸리 각시붕어
메기에 다슬기
흐린 물 마시러

이날 금강모치는 목 놓아 울었네.

문학과 비평, 2021.06.04.

*바람꽃/바람 일어나려 할 때, 먼산에 구름같이 끼는 뽀얀 기운
 등진가재/등뒤에 남의 세력을 의지하고 있는 사람.

음미

달보드레한 미소 깔고
살포시 내민 연록 빛
봄 접시 펼치고
저마다 향 선보일 내음

겨우내 움추렸던 허리춤
등 틔우고 고운 소리
신호 던지며 흔드는 자태
탐스럽기 눈물 지운다

살 패는 화살 바람맞으며
예도 순리도 던져 휘몰며
차가운 몰이 등에 업고
거들먹임도 견뎌내며

봄 향 선물 안기려
쏟아붓는 허구 눈 감고 버텨
그린나래 펼치고 따스한 빛깔 전하니
봄맞의 영혼은 강한 어머니다.

*달보드래; 달달하고 부드럽다.
 그린나래; 그린 듯이 아름다운 날개

달인

지난 시대
천덕꾸러기 잡놈
어른들 늘 그리 말씀하시다
밥 먹고 살기 바쁜 세상

무어가 소중한지
도대체 왜 사는지
오직 전문 종살이 대접에 빠져
어린 자식 갈 길은 정해져 있고
즐겨찾기 혼나 뒷전에 나뒹굴고

인제 한창 때 못다 한 것 일구느라
손 쳐들고 뒤 칸 죽은 놈 뭐 만지느라
세상사 얼추 한 뒤 찾은 내 것들
아비 떠나시고 몇 해가 지났었을 쯤
옆 사람 저 새끼들만 끼고돌고
숨 쉴만하니 혼자 놀아야 한다고!

죽기 싫은 콧대
빈 구멍만 보이면 끼어들어
소리 지르고 손 놀리고
붓 들고 춤추며
이 무대 저 무대 쫓으며
이쯤 혼자 놀기 달인 되었다고
흥얼거려 보았네만,
어찌 아직도 허전한 건 뭔 일인고?

허허, 여 즉 달인 근처도 못 가본 게지.

| 수원문학 56호.

폭포 연가

생의 공간

주고받았던 미련들로
헤엄쳐 그림 수놓고
너와의 만남 가득히
진솔한 언덕 넘나들며
가슴으로 화판에 올려 담은
수많은 이야기
눈길 보낸 빛깔들

이제 너의 영혼 속 깊숙이
파리한 가슴 묻어두며
피어 보낸 꽃들로 널 물 들여
한순간 놓치지 않고
앞가슴 절여 수놓은 여운
비록 다하지 못한 정
흐르는 물줄기 띄워두고

생의 공간 영원토록 기억하리라.

수원문학 51호, 2020.01.

생 장

한나절의 절반 지날 쯤
움 트임 싹 피운다
미약함이 그윽한 순간에도
온 몸 비틀며 일으킨다

고난의 몸부림에도
생장 통 몸속에 묻어가며
힘차게 발차기하여
숙명의 아름다움 연출한다

살 쪼개며 터 불리고
몸집 늘려 길 열어
가지 한 올씩 내어주며
두터운 껍질 쪼개어 품는

삶은 그렇게 이어져.

수원문학 53호, 2020.09.

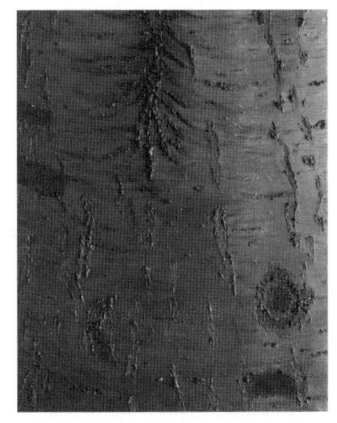

가을 잎 넋두리

굳이 울리지 않아도
무쌍함의 절기는 넘쳐
마른 손바닥 줄기
애달프다 하네

무엇으로 사랑하였는지
묻지 않아도
한 시절 뜨거운 열정
푸른 가슴 쥐어박기도

가득하게 채운 줄 알았던
돌아본 오늘
마른 풀 잎사귀
무늬만 그려

갈잎 밟는 어느 시인
미소 한 점 담은 음률
10월의 어느 멋진 날에.

수원문학/시화전 출품작. 2022.

미련 속에

바람결에 날려 온 꽃잎 한 조각
어느 시인이 흘려준 노랫말인가
내 귓전에 던진 멜로디는
잃어버린 영혼 잠 깨우네

다소곳 음률 몸 맡기고
아련한 빛깔 들추니
향긋한 내음 묻히어
숨었던 엘레지 창 열리고

망설였던 지난날의 입김
아쉬움으로 가득 채워져
무어라 묻지 않아도 대답하네
영원히 가슴 속 담아 간직하겠노라고.

수원문학 69호. 가을호.

에움길

가는 길
늘 바를 수야 없지
그냥 가고 싶은 마음이야
너도 나도인데

첫 울음 울고 나선 길
돌부리에 속고
누군가 파놓은 웅덩이에
풍덩 헤매고

잘 나가던 친구 따라
줄 맞추어 걸었었는데
한참을 보니 저 만큼이네
어쩌랴!
줄달음치고 허우적하니
이제 다리가 말 안 들어

괜찮다
조금 늦는다고
좀 모자란다고
한 시대 풍미는 마찬가지라

조금 덜 해도 좋으니
손 잡고 함께 걷는 이
에움길 만나면
내가 힘껏 업어주고 싶구나.

수원문학 66호.

*에움길; 빙둘러서 가고 멀고 굽은길.

타작꺼리

무르익은 들판
아이들 입에 넣어 줄
흐뭇한 주름 웃는다

살며 어찌 바르게만 살리오
우리 자랄 때
배운 대로 걷고
잘못하면 매 맞기도 하며

허나,
어찌 된 세상살이가
도무지 듣도 보도 못한
불편 위법이 설치고
잘못된 것들이 정당한 듯
큰소리 응수하고
박수도 치는 이 있다

이 민족이 이리 어두웠던 나라이었나
제대로 법대로가 사라지고
제멋대로 이루고 난리 친다

애들 배울까 겁나네
진정 이 땅 만대까지 이어져 흐르려면
잘못은 고쳐져야,

모두들 묶어 타작판 올릴까

아이들 입에 들어 갈 곡식
제대로 여문 것들 먹여야
진실은 거짓을 깨울거다

단군이시여!
이 백성들을 보살피소서!

진정 이 땅의 맑은 종
누구를 위하여 울리려나.

수원문학 61호, 가을호. 2022.

단풍 든 할배

갈바람 타고 노는
물들은 아이들
그럴싸하게 구르다가
한켠에 모여 저만치 가려는지

반백 넘어선 할배
붉게 뒹구는 무리 쫓으며
뒤뚱거려 따르는 몸짓
마냥 아이 같으네

싹 틔우는 모양 좋아
갈잎도 수군수군
그들 속 모른 양
흰머리 흔들며 미소 주네

속삭이는 낙엽 보듬고
흰 겨울 덮으려
붉게 다린 옷자락
단단히 감싸며 노래하고

그 옷 색깔 예쁘다고
하얗게 더 물들 자긴 잊은 듯
황혼 깊어가는 가을 날
백발은 이른 새싹 기다리네.

수원문학 62호.

사 념

심장의 음률은 춤춘다
고독의 쟁반에 노래하며
다시금 내 입술로
아련함의 꿈 문지르고 있다

아픔의 영혼에 잠들고
사랑의 메아리는
나의 손끝에 머물고 있다

이제는 놓아야 한다
뒤끝 없는 곧은 마음으로
숨결조차 조용히 던져야 한다

흔들리는 가슴에 꽃술을 부으며
생의 정도에 박자 맞추어
다 한 사념을 잠들게 해야만

사색의 문고리에 턱 고이고는,

수원문학 54호.

가욋길

발길 일으켜 나선 이
딱히 가려는 곳은 없어
어딘가 들리는 노래 소리
하늬바람 건네는 속삭임이나

다소곳 추슬러
정한 길 없이 떠나려하네
다님 길 따라 걸으며
한숨조차 간지러워 토하듯 뱉는구나

허우룩한 가슴 쓸어내리고
굳이 탓하는 설음 벗기며
되돌려 걸을 곳으로
가는 길 걸음 찾아 주어야,

묻힌 시간

과거 시간 들추어
묻혀있던 가슴 얘기 만진다

노랫말에 담긴 시간도
향기에 숨어있는 마음도
품속의 그윽한 사랑도
모두 잠들어 있다

마을 입구 장승처럼
과거의 시간으로 간직 된 채,
잠자는 가슴 슬며시 일으켜
묻었던 영상 닦고 또 닦는다

묻힌 시간 눈뜨며
간직한 사랑 영혼에 새 옷 입혀 웃는다.

수원문학 71호,

봄 예찬

봄의 소리는 파리하게 돋는
새싹들 움 트임
감촉은 뽀송한 부드러움
느낌은 따스한 엄마 품속이구나

봄 향기는 풋사랑의 속삭임
냄새는 사랑의 눈동자로만
맛볼 수 있는 아기 분 냄새
맛은 싱그러움 그 자체이다

봄이 주는 멋은 고요한 왈츠가 흐르는
달빛 호숫가 정겨움
사뿐히 걸으며 마주 보고 노래하는
다정함이 행복 줄 그때이다

봄은 진실과 아름다움 잉태한 순수
사랑을 가르쳐 준 신화의 여신으로
행복이 어떠한 무늬로 그려지는가를
보드랍게 전해주는 영혼의 전령이로다.

세상에

예술 끈 짧은 이
맥없는 끈 한두 개 줄잡고
한 귀퉁이 매달려
애태운 궁상 뜬다

옛 어른들
시대가 어두우면
붓으로 소리 두들기며
큰 한숨 외치곤 하시었던데

요즘 한다는 이
너무 따뜻이 꽃 피웠나
밥그릇 파묻혀 숨 못 쉬니
날 뛰는 종자들 보고만 있을 터

날로 더해 가는 세상 어두운데
빛 찾지 못해 가슴 동여매고
혹여 기대 얹어두고
한탄강 가슴 쓸어내린다

귀퉁이 자리한 애송이 담벼락
빈틈 구해 그 나마 붓질 해 보나
누군들 알거며 뭔 짓꺼리냐
묻지 않아도 화구 울림통에 쏟아

우리네 금수강산
크게 변치 않고 지킴 되어
오롯이 후대 전해져야 될 터인데,
세상에나.

시평詩評

22.04 새수원신문 (수원문협 정명희회장 논평)

수원문인협회 회장 정명희

어디서나 당당하고 패기 넘쳐 보이는 배효철 시인의 내공은 누가 보아도 시인의 외모에서부터 시작해서 움직이는 동선마다 크게 넘쳐 난다. 그저 곁에만 있어도 든든하고 믿음직스럽다.

시인의 연륜이 지긋한데도 활짝 웃고 있는 모습을 보면 평생 힘든 일 하나 겪어 본적이 없는 사람처럼 순수함이 엿보인다. 그 밝은 모습이 주변을 생동감 있게 끌어가고 있다. 그런 그가 「세상에」란 시제로 우리에게 일침을 가하는 시를 내보였다. 아무리 시가 은유적이라지만 어쩌면 그렇게 넌지시 깨우침을 주는 걸까.

옛 어른들의 삶부터 요즘 사람들의 행동거지까지 눈여겨 보며 시인의 생각을 전하는 깊은 뜻을 뭇 사람들은 알아채려나. 하루가 힘들고 내일이 힘들지라도 어깨를 펴며 당당하고 활기차고 싶다. 비록 시어하나 캐지 못하는 시간이 있을지라도 생활 속에서나마 이웃을 돌아보고 불편하고 힘든 사람들을 감싸 안는 자세로 우리 시인들도 살아야 할 터. 이번 배효철 시인의 작품에 내포된 의미를 우리는 돌아보고 또 돌아보며 스스로 성찰해야 할 것이다.

방화수류정, 유화 10호.

제2회
대한민국나라사랑미술대전
– 특선 작

제목: 추억의 여행. 수채화 10호. 배효철 작

옛정 머금고

가을 속 헤집고 마냥 신들린 춤사위 펼치며
물 들은 잎 사이로 서로 뺨 부비며 뛰노는
가을 것들 눈에 훔쳐둔다
환하게 미소하는 빛은 조용히 그물 당기고

얼마만인가?
뒹굴며 재주하는 놀이꾼 아이들 보며,
오랜만에 정겨움 짙은 친구 기다리다
공원길 한 켠, 우두커니 회상하며
스쳐 지나는 갈바람에 흠뻑 취하고 있다
수 세월 지난 만남에도 얼마가 아닌 듯,
그저 웃던 대로 웃고 있다

한창일 때 정신없이 파고 뛰며 달리고
싸워가며 이겨 내겠다고
그때 함께 한 친구가 아니었나?
우연찮케 건 전화 한 통화!
긴 시간의 공백도 아무 소용없는 듯,
나는 그때를 미소하며 맘 갈대 일으킨다
어쩌면 공백의 시간이 더 많은 흥분과 설렘으로

행복을 안기려 하는지
먼 발치의 친구는 손 흔들고
나는 그때의 젊음으로 돌아가려,
서로 잊혀 지나간 시간은 별 문제 없다.
마주 잡은 손아귀 힘이 조이고
지금 같이하는 시간이 그때로 돌아가
눈 시뻘겋게 힘주어 웃고 있다

침 튀기며 논쟁하고 서로 자신 살리려
어깨 견주었던 그것마저도
깊은 정으로 남았었나 보다
오랜 시간 지난 만남의 기쁨이 단풍에 젖고
감추지 못하는 흥분은 그때 그대로다
힘주어 말하던 그때처럼 또 정신없이
그들의 얘기로 그때 쓰던 말 그대로 마구 해 댄다
나는 이 친구 덕분에 청년이 되었다.
불끈 솟는 불꽃 같은 화살이 용솟음 친다

옛정이 다시금 나를 일으킨다
친구야! 행복한 시간이었다
내일을 모르는 우리에게 서로 건강 빌어주고
안녕을 기약하고 허락하는 시간이 주어지면
또 열정 맞추어보자

나는 그곳에 옛 정 두고 머금은 채,
손을 흔든다.

수원문학 65호.

칠갑산에서 하는 칠갑을 보았다

 항상 그랬지만 여행 떠나는 날은 뭔가 기대하며 설레게 된다. 이번 여행은 짧은 일정 때문에 가까운 칠갑산으로 가기로 했다. 그러나 온양쯤에서 날이 어둑해져 일단 그곳에 하루 유숙하고 가기로 했다. 다음날 아침 일찍 온양을 출발하여 칠갑산에 도착하여 우리는 바로 산마루에 도달, 곧장 칠갑산 산장으로 올라가 등반을 시작하였다. 산장에는 칠갑산의 히트곡이 확성기로 계속 울리고 있었다. "콩밭 매는 아낙네야 ~~ "
 날씨가 좋지 않을 거란 일기예보는 있었으나, 조금 오르고 있을 무렵 슬슬 오는 빗가락이 모자를 찾게 해서, 꺼내 달라고 하여 덮어쓰고 그래도 단풍이 좋아서 "좋다 조타"해가며 늙다리 걸음으로 슬슬 올랐다. 오르다 보니 빗줄기가 슬슬 굵어지고 내려오는 사람들의 걸음도 빨라지는데 그래도 우린 올라간다. 제법 겉옷을 적시는 정도인 것 같더니, 안개가 자욱하게 산허리를 뒤덮고 있었다.
 집 사람은 "우산을 갖고 올걸"하며 후회하는 빛을 보이더니, 점점 표정에 안개가 덮어지고 있었다. "아니 이 사람아! 자네가 가는 길에는 비가 오기 마련이야. 용이 움직이는데 그냥 있을라고" 해 가며 위로 농하는 척한다. 옆에는 애꿎은 겉옷만 툭툭 털어 가며, 알아듣지도 못 할 말만 궁시렁 궁시렁 거린다.

 중간쯤이다. 갑자기 번개 불이 번쩍이며 사람에게 겁을 주더니, 천둥이 칠갑산을 호령하였다. 몇 번을 큰소리로 이리저리 혼을 내더니, 바로 굵어진 빗줄기가 내리고, 이내 진눈깨비로 변하여 오르는 사람의 기분을 을씨년스럽게도 한다. 이 사람은 도로 내려가고 싶은 심정인 모양이다. 나는 "오! 정말 풍경 좋다'하고 독려한다.

 중간지점의 휴식처 팔각정에 도착하니 옷이 흠뻑 젖어 있었다. 2층으로 올라서서 서로 털어 주면서 "어! 제법 오네"하며 위로하고 있자하니, 애들 여러 명이 우러러 몰려와서 한바탕 떠들다가 바로 잽싸게 정상으로 향한다. 우리도 올라가자. 눈빛은 반기지 않지만, 제법 경사가 가파르기 시작하면서 눈바람은 힘을 더 주고, 날 세게 우리에게 덤벼들며 헤매었다. 옆 사람의 입가는 눈바람을 바로 맞으며 불평에 강도를 조금씩 높이고 있다. "아까 그냥 내려가자고 하니 흥!" "이 사람아 이제 거의 다 왔어. 좀만 더 가면 정상이야! 아니 용이 올라오니 승천치 못하게 시험하고 있는 모양이지. 나 호랑이가 오르면 잠자게 될 거야! 좀만 참자! 이왕 온 거 정상에 오르고 가야지 보람 있지 않겠나!" 난 용에게 氣를 넣었다.

 정말 정상 가까이 갈수록 눈바람은 더욱 세게 휘몰아치고 깎아지른 작은 바윗돌 부리는 무섭기까지 하였다. 앞이 보이지 않을 정도의 기후는 우리가 오르기를 막기라도 하겠다는 모양으로 기를 꺾어 놓으려고 한다. 우리는 손을 마주잡고 한 걸음씩 한발자국씩을 떼어놓으며 힘겹게 정상으로 향하였다. 의지의 한국인을 보여 주기라도 하겠다는 굳은 모습을 보이며, 네 발로 기다시피 하면서 눈보라 속을 헤 메어 오르고 또 오르고 올랐다. 높지도 않은 정상을 숨이 목에 걸리듯 힘겹게 오르고 있다.

 드디어 정상이다. 올라서고 보니 흰 하늘만 휑하니 보일 뿐, 이렇다 할 만한 정상의 용두는 보이지 않았고, 세차게 내려 쌓인 흰 눈만 수북이 쌓여 있었다. 산정상의 찬바람은 더욱 세차게 우리를 휘몰아 쏘아 대며, 마치 내주고 싶지 않은 자리를 빼앗기는 기분으로 밀어 붙이고 있다. 나는 아무도 없는 정상 중앙에 자리 잡고, 두 손 번쩍 들며, 나는 왔노라! 올랐노라! 하며 큰소리로 메아리도 없는 외침을 외쳐 보았다. 그래도 어디냐! 여기 위에는 하늘밖에 없다. 우리가 여기서는 제일 높은 곳에 있지 않는가? 이곳에 있는 자만이 느낄 수 있는 이 기분!

 그것도 잠시 우리는 썰렁했다. 당장 내려 갈 것이 고민이다. "흥! 아까 그냥 바로 내려갔으면 됐지" 하며 투덜되기 시작했다."이 사람아 그냥 슬슬 조심해서 내려가면 돼. 아직 미끄럽지는 않아! 걱정 마 내가 잡아 줄 테니" 우리는 조심조심해가며 발을 옮기고 눈짓으로 감싼다.
 가파른 비탈길을 거의 다 내려오니, 언제 그랬냐는 듯

눈바람이 멈추면서 햇빛이 쨍하였다. 정말 천국이 따로 없을 것 같았다. 산 정상으로부터 산 중간 오솔길까지의 흰 눈꽃가지의 절경은 무엇으로 형용하랴. 단풍으로 물든 그 위로 하얀 눈가루를 덮어 온천지가 하얗게 꽃을 피운 천지가 되었다. 정말 올해 첫눈을 칠갑산에서 만났는데 이제 그 눈이 하얀 꽃으로 물들어져 나를 한 폭에 수채화속으로 넣어 버렸다. 정말 아름답다.

우리는 흐뭇한 표정으로 발길을 옮기면서 산길 숲 사이의 짙은 안개 속을 헤쳐 내리며, 아마도 산중에서 산신령이 저벅 저벅이며 내려오듯이 우리는 오만가지의 멋을 풍기면서 내려 왔다. 그러다보니 좀 전과는 달리 가볍게 노랫말을 더듬이면서 '울어주던 산새 소리만 ~~~'읊고 부르며, 올라 갈 때, 그 마음은 온데간데 없고 명산에서만이 느낄 수 있는 오늘의 이 변화무쌍하고 화려한 풍경을 충분히 만끽했다.

"이보게! 언제 3억 벌어 이자 돈으로 놀러 다니겠나? 애들 다 출가했겠다. 그래도 힘 있을 때 다녀 봐야지. 이젠 삼십 만원만 생겨도 함께 가는 거다." 우리는 그렇게 서로 마주보고 웃으며 위로하면서, 이번 여행에서 우리는 서로의 마음에 여유를 담고, 우리만의 추억바구니에 따뜻한 눈짓을 담을 수 있었다.

"또 날 잡아 보소!".

2013. 04. 아내와 칠갑산을 다녀오고.

손녀의 눈 선물

새벽 공기 차고 찌뿌둥한 날씨가 내 마음을 그려 놓은 건지
어젯밤 국가대표 축구 시합 보며 잠 설쳤는데,
눈 붙이는 둥 마는 둥, 티브이 소리와 엉켜
어정쩡한 아침 잠 풀이하고는
아침 준비 하려니 창가에 붙어 집사람 난리 난다
여기 보라고 눈이 펑펑 쏟아진단다
본격 나리는 모양새가 하늘도 내 기분 같은가 보네
그려 왕창 시원하게 내려라!

준비한 아침 먹는 중, 안사돈 전화가 울리길래, 웬일이시지?
안사돈께서 웃으시며 "할아버지! 윤슬이가 눈이 많이 온다고
사진 찍어 할아버지에게 보내 주잔다고 하네요!"
하시며 아예 전화를 바꾸어 주신다

"윤슬아! 고맙다. 잘 지냈느냐?" 하며 이런저런 얘기 나눈다
눈 오는 날 막내 손녀에게 눈 선물 받기는 처음이다
아니 예전 친구끼리는 첫눈 오는 날
만나기로 약속하기는 해 보았으나,
누가 나에게 눈 사진 찍어 보내 주겠다며 선물한 사람은
나의 5살짜리 막내 꼬마손녀 윤슬이가 첨이다

첫눈을 새롭게 만들어 준 나의 손녀!
오늘부터 내리는 눈은 나에게 천사가 될 것이다
나는 행복한 눈을 한 아름 가슴에 안고
우리 집에서 내려다 본,
눈 풍경 몇 장 찍어 윤슬에게 답으로 보내 주었다

아마도 아이가 지난번처럼
할아버지하고 하루 놀고 싶은 모양이다
날 잡아봐야지
윤슬아! 너 눈 선물 덕분에 할아버지의
오늘 하루는 행복하고 또 행복하겠구나

첫 눈 내리던 날! 올 한해 기쁜 선물이다.

7번째 막내 손녀가 준 선물, 2022.12.06.

손녀

외할머니 최선희

손녀! 눈에 넣어도 아프지 않다는 말이
피부에 와닿는 느낌이다.
우리 아이들 키울 때에는 예쁘기도 했지만,
사는 게 더 우선이라
그렇게 세월이 흘러갔는데…

어느새 그 아이가 예쁜 손녀를 선물로 안겨주며
덤으로 할머니로 승격도 시켜 주었다.
한 발치 떨어져 자라는 모습을 보아서 인지,
항상 방긋방긋 웃는 모습이
눈에 아른거리며 미소 짓게 만든다.

자는 모습도, 먹는 모습도, 옹알이도, 우는 모습도,
다 예쁘기만 하니
팔불출 할머니가 된 것 아닌지?

세상 근심 걱정 모두 없어져 버린 듯,
너무 평온한 모습으로 잠들어 있는
손녀를 가만히 들여다보고 있는 내 모습에
"엄마! 너무 예쁘지?"
"그래 너무 예쁘다"
"나도 다윤이 모습 보면서
우리 엄마도 나를 이렇게 예뻐했겠구나 생각 했어
"딸의 그 한마디에 아! 손녀는 이렇게 엄마와 딸을
이어 주는구나 눈시울이 젖어왔다.
우리 손녀 다윤아! 예쁘게 착하게 잘 자라
큰 기쁨이 되어라!

| 2007.05. 손녀 다윤에게

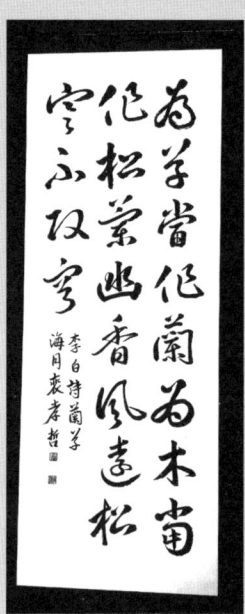

시인 배효철의 문학과 예술 세계를 더듬으며

 사회활동을 얼추 마무리할 무렵, 무언가 노후의 취미활동 단도리 해야 할 것 같아 60 세쯤 되어 도전을 시작했다. 아마도 처음 음악을 좋아하니 악기를 배우고자 하여 **색소폰을** 연습용으로 구입하고, 클럽에 등록하여 연습실에서 배우기 시작, 거의 독학 형식으로 선배들께 여쭈어 가며 꽤 열정적으로 부르기 시작해서, 약 다섯 곡 정도는 완곡할 정도가 되어있었다.

 그때 인생 60에 찾아 온 병으로, 약 일곱시간 반의 심장 관련 수술로 성공적 수술 후, 의사말씀이 당분간 일도 운전도 마시오! 하여 연주는 끝이 되었다. 가능한 조용히 할 수 있는 취미를 찾다가 **서양화로** 다시 도전하기로 했다. 그 후 2013년도 수원예총에서 실시한 제14기 수원예술학교 과정을 수료하고, 그때 함께 한 김순애 선생 요청으로 민요를 배우기 시작하였고, 민요로 각설이 공연까지 하며 **"신풍국악예술단"**을 창단하여, 발전회장 역할하며 무수히 봉사 공연 다니기 시작했다.

 필자가 종합예술가로 취미생활을 할 수 있도록 도와준 공로자는 집사람 일 것이다. 큰딸 시집가니, 둘이 약속은," 너 일반대학 아닌 교육대학 가서 선생님 되면 엄마가 아이를 다 키워 주겠다."고 했단다. 내 허락도 없이,

 그때부터 난 심심한 거 싫어하니, 남자가 아내에게 징징

짤 수도 없고 어쩔 수 없이 월요일부터 토요일까지 스케줄 짜고 만든다. 언제 만든 일정표인지는 잘 모르겠으나, 한창 취미활동 바쁠 때, 정리해 둔 것이다.

신풍국악 단 봉사활동 열심 하다가, 우연히 합창단 활동 참여요청으로, 합창은 고등학교 때 잠시 했었는데, 천호 성당에서 성가대를 했던 적도 있어, 쾌히 요청 받아들이고 테너 파트로 시작했다.

금빛합창단에 입단한 게 2014년도 쯤 일거다. 합창 중에서도 서양화는 열심히 하여 2013년부터 수채화 '포구'로 입상하고, 2014년 5월에 '추억여행'으로 나라사랑 대전에서

특선도 하였었다. 그 후 서양화 다수의 수상 생략한다.

우리 아이들 힘들었을 것이다. 아빠가 하는, 모든 취미생활의 전시회나 예술 공연에는 가능한 손주들에게 자랑한다고 참석을 꼭 부탁 했으니 지들도 인증 샷 찍으랴 꽤 바빴을 것이다. 금빛합창단 공연 하면서도, **난파합창단**에서 요청이 있어, 수원에서는 실력 있는 합창단이라 좀 더 실력도 쌓을 겸, 2016년 6월 입단하여, 각종 공연에 참가하고 51주년 정기공연도 하였으며, 자매결연한, **매여울합창단** 제3회 정기공연도 함께 하였다.

금빛합창단 연출 감독 요청으로 2015년 **극단 청춘극장** 창단하여, 광교호수공원 마당극장, 수원시청 강당, 팔달구청 강당 등에서 공연도 이어 갔다. 대사 외우기가 힘들어 밤에 자다가 일어나 연습 전날의 불안으로 새벽 밝힌 지 몇 번이다. 연극단은, 약 삼년정도 하다가 힘들어서 포기하고, 단장 직을 다른 분께 넘겨 드렸다.

2017년에는, 새로운 도전으로 문학의 길을 밟는다. 글은 학생 때부터 짬짬이 썼으나 어느 선배의 조언으로 시집까지 낸 사람이 어찌 등단 안하냐고 등단할 것을 지지해 주어, 서울에 있는 **"한국문학예술" 신인상** 수상으로 등단하고, 바로 **수원문인협회**에 가입하여, 지금까지 수원문학인 시인으로 활동 하고 있다.

집사람이 나하고 안 놀아 주다 보니, 능력 있는 전문가는 못 되어도, 문학과 예술 두루 경험하며 좋게 얘기하면, 종합예술가라 하나, 어떤 선배분이 자네는 한 개만 하지 뭘 그리 많이 하느냐? 하여,

"형님! 저는 잡놈입니다." 하였더니, 기가 차신 듯 그저 웃지요. 하셨다.

60세 이후 노후 취미생활을 이곳저곳 다니며, 열심히 장르별 삶을 들여다 보았다. 어떤 분야에 문학예술을 하시던, 예술가들은 정신세계가 맑고 감성들이 좋아서 대화가 잘 통하는 분들이라, 황혼의 언덕을 넘어도 큰 부끄럼 없이, 행복한 얘기들을 전하며, 한 시대를 함께하는, 어떤 이에게든 따뜻한 진정성 있는 마음을 얘기하며 느끼고 전할 수 있다. 건강을 생각하여, 올해(2024) 들어 즐겨하던 많은 취미들을 그만 하나씩 접으며 친한 벗들과 국내여행을 주로 하며 다닌다.

현재는, 시인으로서 수원문인협회 활동과 즐기는 노래하기로, 금요일만 수업을 듣는다. **김양님 노래교실**"에서 가요로 편하게 좋아하는 노래하며 노후를 즐기려 한다. 그간 문학과 예술을 즐기며 이루어 둔, 서양화 작가로서 우리 아이들과 손주들을 다 그려 주어서 자기 방에 걸어 두었을 테니, 손주들이 기억해 줄 것이고, 그림이나 서예 작품들도

아이들이나 친구들에게 선물하여 기념해 두었으니, 또한 나의 기쁨이 아닐 수 없다.

예전 영상으로 만들어 둔 **자서전 영상물**은 있어, 나누기도 하였으나, 더욱 진솔한 마음으로 오늘 전하는 시집 **"미소가 눈을 뜰 때"**는. 그동안 모든 것들을 담아 두었던 것 나의 것들이므로, 울 아이들과 손주들에게 할아버지 얘기를 남겨 전하고자 하는 것이다.

또한 절친들과 이웃들에게 그동안의 여산 배효철과 얘기로 표정으로 나눈 삶을 글로 새겨, 나를 전하고자 한다. 우리 남은 황혼의 인생을 더욱 풍요롭게 서로 이해하고 나누며, 한 시대를 같이 걸음하며 정겨운 벗들로 지냄에 감사하고, 자네들 사랑함에 무리 없게, 시로서 엮어 두었던 것들을, 아직 다 전하지 못한 것, 또 안주머니에 깊이 넣어 둔 정까지 다 털어서 이를 시집으로 엮어 옮겨, 그네들과 통하여 나누고자 하는 바이다.

본 시집을 낼 수 있도록 도와주신 수원문인협회 전 회원들의 후원과 수원문인협회 자회사인 합자회사 샘물의 편집위원 분들과, 집행부 김운기 회장과 수석 부회장 김경옥과 전 임원진들의 성원에 깊이 감사드린다.

제 생에 잘한 일 중 하나는, 등단하여 수원문학인이 된 것이다. 수원문학에서 저 나름 함께 봉사하려고 미약한 힘을 보태고자 열심히 했다. 고문이신 박병두 전회장의 요청으로 **사무차장, 청년 분과위원장**으로 열심히 하였고, 그 후 **사무국장**으로 봉사하다가, 수원 문협에 꼭 필요하다고 느껴서, 사무국장시절 **발전운영위원회**를 발의하여 발족 시킨 게 큰 보람이 아닐 수 없다. 잠시 사무봉사를 쉬다가 현재, 회원들의 요청으로 **감사역** 맡아 회계 및 행정 감사역을 충실히 수행하고 있다.

가장 영광스러운 점은, 이번 2025년 2월22일 수원예총에서 개최한 제34차 정기총회에서 수원문인협회 김운기 회장, 수석부회장 김경옥과 전 임원 간부 및 회원들의 추천으로 수원예총 2024 **수원예술대상**을 수상하게 된 것은 너무나 큰 영광이 아닐 수 없다.

수원문인들 모두에게 깊이 감사드린다.

배효철 블로그.https://bhc5005.tistory.com

배효철 시집,
『미소가 눈을 뜰 때』 출간에 부쳐,

배효철 시인은 팔방미인이다.

그의 이력을 보면, 문학은 말할 것도 없고 그림이면 그림, 음악이면 음악, 연극이면 연극, 어느 예술 장르를 막론하고 멀티 능력을 지닌 천상 예술가다. 곁에서 본 배 시인은 인간관계도 갑이다. 사람 관계가 넓고 깊다는 것은 누구나 쉽게 가지지 못한 능력과 인성이다. 그러한 배 시인은 스스로 '잡놈'이라고 칭한다. 이는 일반적으로 통용되는 안 좋은 의미의 '잡'이 아니다. 이것저것 까칠하게 가리지 않고 다 좋아한다는 호인好人의 별칭인 것이고 이것저것 다 해봤다는 경륜의 자칭일 것이다. 실제 그렇다.

배 시인의 『미소가 눈을 뜰 때』를 찬찬히 읽어보면 그가 가진 내공이 얼마나 깊고 넓은지 알 수 있다. 작품들은 모두 오랜 시공을 가르며 숙성된 것들이다. 여느 문예지나 언론매체, 심지어 시화전에 출품했던 작품까지 매 편들을 차곡차곡 쌓아두고 오래 다듬어 낸 정갈한 것들이다. 더구나 미술 전람회에 출품해서 입상했던 그림이라든지 그의 예술 감각이 잘 배어 있는 그림까지 시집에 삽입하여 시편들을 한결 빛나게 하였다. 이것은 그의 멀티 능력을 보여주는 좋은 예이다.

  그래서 2024년도, 지역 예술단체총연합회에서 수여하는 예술인상 대상을 수상한 것은 우연한 일이 아니다. 이어 이번에 예술창작지원 수혜 대상이 되어 이 시집을 출간하게 된 것도 마땅한 결과다. 문학공동체 샘물에서 이 시집, 『미소가 눈을 뜰 때』를 출간하게 된 것을 기쁘게 생각하며, 이 시집이 출쇄出刷를 거듭하여 많은 독자들 앞에 선보이기를 기대한다.

문학공동체샘물 대표, 문학박사 김운기